AF215088

99 Gründe

warum der HSV

niemals absteigen darf

Edition Ewiges Wissen

Wir stehen mit dem Rücken in der Wand.

Uwe Seeler

Moses Teck

99 Gründe
warum der HSV
niemals absteigen darf

Edition Ewiges Wissen

Bibliografische Information der Deutschen National-bibliothek:

Die Deutsche Nationalbibliothek verzeichnet diese Publikation in der Deutschen Nationalbibliografie; detaillierte bibliografische Daten sind im Internet über http://dnb.dnb.de abrufbar.

© 2018 Edition Ewiges Wissen

Lektorat: Moses Teck & Fangruppe Hoyerhagen

Umschlagillustration: **Edition Ewiges Wissen**

Kontakt: **buddha-baerchi@t-online.de**

Herstellung und Verlag: BoD – Books on Demand, Norderstedt

ISBN: 9783746080857

Nein! Niemals
darf der Hamburger Sportverein
aus der Bundesliga absteigen!
Dafür gibt es unzählige gute Gründe.
Diese Gründe zu präsentieren, haben
wir uns zur Aufgabe gemacht.
Wir haben mit Fans und Offiziellen
gesprochen, mit Kommentatoren und
Experten. Mit Trainern, Spielern,
Schiedsrichtern. Mit den Betreibern von
Kneipen und Sportcafés, mit VIPs, mit
Ultras, mit Sponsoren, mit den Fans im
Stadion und mit Fans und Offiziellen
anderer Vereine. Alle haben sich nach
Kräften bemüht, Gründe dafür zu
nennen, warum der HSV niemals
absteigen darf. Insgesamt 99 Gründe.
Oder wenigstens 77 Gründe.
Wir wären auch mit 50 Gründen
zufrieden gewesen, dann mit 20. Am
Ende hätten uns sieben gute Gründe
gereicht! Oder wenigstens drei. Aber
womöglich gibt es keinen einzigen?
Mal schauen! Hier sind die Ergebnisse.
Deshalb darf der HSV nicht absteigen:

Grund 1

Grund 2

Grund 3

Grund 4

Grund 5

Grund 6

Grund 7

Grund 8

Grund 9

Grund 10

Grund 11

Grund 12

Grund 13

Grund 14

Grund 15

Grund 16

Grund 17

Grund 18

Grund 19

Grund 20

Grund 21

Grund 22

Grund 23

Grund 24

Grund 25

Grund 26

Grund 27

Grund 28

Grund 29

Grund 30

Grund 31

Grund 32

Grund 33

Grund 34

Grund 35

Grund 36

Grund 37

Grund 38

Grund 39

Grund 40

Grund 41

Grund 42

Grund 43

Grund 44

Grund 45

Grund 46

Grund 47

Grund 48

Grund 49

Grund 50

Grund 51

Grund 52

Grund 53

Grund 54

Grund 55

Grund 56

Grund 57

Grund 58

Grund 59

Grund 60

Grund 61

Grund 62

Grund 63

Grund 64

Grund 65

Grund 66

Grund 67

Grund 68

Grund 69

Grund 70

Grund 71

Grund 72

Grund 73

Grund 74

Grund 75

Grund 76

Grund 77

Grund 78

Grund 79

Grund 80

Grund 81

Grund 82

Grund 83

Grund 84

Grund 85

Grund 86

Grund 87

Grund 88

Grund 89

Grund 90

Grund 91

Grund 92

Grund 93

Grund 94

Grund 95

Grund 96

Grund 97

Grund 98

Grund 99

Ideen des Trainers

Einfälle des Co-Trainers

Hinweise des Physiotherapeuten

Anregungen des Aufsichtsrats

Geistesblitze des Vorstands

Vorschläge der Aktionäre

Gedanken der Sponsoren

Raum für eigene gute Gründe